CADERNO VELOZ DE ANOTAÇÕES,

POEMAS E DESENHOS

RICARDO AZEVEDO

CADERNO VELOZ DE ANOTAÇÕES, POEMAS E DESENHOS

Editora Melhoramentos

Azevedo, Ricardo
　Caderno veloz de anotações, poemas e desenhos / Ricardo Azevedo.
São Paulo: Editora Melhoramentos, 2015.

　ISBN 978-85-06-07890-7

　1. Literatura juvenil brasileira – Poemas.　I. Título.

15/023　　　　　　　　　　　　　　　　　　CDD　869.1B

Índices para catálogo sistemático:
1. Literatura juvenil brasileira　869B
2. Literatura brasileira – Poemas　869.1B

Obra conforme o Acordo Ortográfico da Língua Portuguesa

© Ricardo Azevedo

Direitos de publicação:
©2015 Editora Melhoramentos Ltda. Todos os direitos reservados.

Projeto gráfico e diagramação: Laura Daviña

1.ª edição, agosto de 2015
ISBN 978-85-06-07890-7

Atendimento ao consumidor:
Caixa Postal 11541
CEP 05049-970
São Paulo – SP – Brasil
Tel.: (11) 3874-0880
www.editoramelhoramentos.com.br
sac@melhoramentos.com.br

Impresso no Brasil

Parados diante do espelho o rosto
e a pessoa dentro de mim
nem sempre coincidem

Feito monstro do mato
minhas pegadas
contrariam o rumo que tomo

Nesse labirinto
atônitas
as palavras insistem em falar
o que sinto.

Prometo dar aulas
embora desconheça de que matéria

Comprometo-me a ministrar exercícios
pouco importa de quê

Discutirei profundamente problemas insolúveis
Passarei a você longas lições de casa

Eu que confesso
nunca tive casa para morar

Todo cuidado é pouco
O perigo está no oco

O muro nasce do escuro
A aranha tece na entranha

Saber quando pousa o corvo
E onde esconde seu ovo

Atenção ao escorpião
Que vive no coração

Olho vivo na serpente
Que mora dentro da gente

No meio da multidão
o que faço da minha
solidão?

O mar refaz o sentido da travessia.
A árvore inventa a sombra por meio da fruta.

O vento a planta a pedra o bicho do mato
cada um recobra a seu modo
seu sonho de fera.

Até a bactéria não se desespera: prolifera.

Meu sentido, minha sombra, meu sonho
iluminam não sei que rumo
a partir da terra.

Disseram que o que eu via era o oposto do que eu via
e que os pássaros que cantavam na janela
não eram pássaros nem o canto era canto
nem a janela era janela.

Quando tentei argumentar
calaram minha boca com lições crenças
propaganda e pesquisa de opinião.

Meus olhos entretanto recolhem sementes das ruas
enquanto meus sonhos mordem e gritam e cospem
cheios de dentes.

Machados foices e facões para abrir clareira
em mato fechado.
Pás e enxadas para arrancar tocos e limpar terreno.
Carrinho de mão e coragem para a retirada do entulho.
Pás de novo enxadas de novo enxadões e cavadeiras de novo
para adubar plantar domar a terra.

É difícil construir a própria voz.

Mandaram observar e analisar objetivamente.
Mas como fazê-lo
se minha cabeça sofre sonha e sente?
Falaram em isenção neutralidade e isonomia.
Tudo em vão.
Esqueceram que sou um cara cheio de tesão?
Vieram então com o velho conselho:
recomendaram profunda reflexão.
Mas refletir como se não sou espelho
e dentro de mim é dia sim e dia não?

Alguma coisa anda errada
Tenho tudo nas mãos
E até agora nada

Pé ante pé
boiando no arame imaginário
solidamente
nos aproximamos
do abismo.

Minha vida
sua vida
nossa vida equilibrista
segue forte frágil
fértil e fugaz.

Lá fora aqui dentro
no solo solto do tempo
tudo é ventura escassa
onde o sentido passa.

Neste corpo dentro
fundo
fica um jardim

De paredes altas
feitas
para encobrir

Sete mil perguntas
sangue dentro de mim

Neste corpo dentro
fundo
fica um jardim

De portão de ferro
forte
pra proteger

Sombras e sementes
sonhos dentro de mim

E as pessoas passam
longe
longe daqui
perto.

Meu rosto sumiu
Vasculho os espelhos
Não consigo encontrá-lo

Ando de vidro em vidro
Entre cacos e cortes
Procuro meu reflexo nas poças

Pergunto pessoa por pessoa
Cachorro por cachorro
Pedra por pedra

Todos me dizem não

Sigo em busca de um rosto
Qualquer rosto
Nem precisa ser o meu.

Poemas vermes
bactérias vociferando
em cadáveres de palavras frouxas
ouçam meu aviso:
seu destino é o intestino.

Outros poemas (de outras lavras) transcendem
no prato em que descansa
a polpa de palavras.

Consumidos alimentarão
sonhos e sementes.

Eternos sobreviverão ao desastre
e sendo assim
ressuscitarão no prato
em que foram consumados.

para Ferreira Gullar

Reconheço que vira e mexe sou talvez
Finjo sempre ser falso como quem sabe
Se digo uma coisa nunca é bem assim
Cresço à sombra de algo que não desabrocha
Ando confuso porque sempre andei
Se presto ou não presto
Isso só eu sei.

Primeiro
A crença de ser o centro do mundo
Os versos de umbigo espelho e confissão
O gozo espantoso de sentir-se o próprio universo
boiando em luminosa solidão.

Segundo
O caminho que esbarra na pedra
A ficha caída no buraco escuro
A descoberta a fórceps de outros astros estrelas vidas
ousando viver além do nosso muro.

Terceiro
O momento da lavra e da semente
O tempo fértil sem tamanho
da convivência do desencontro
da perda da procura do sonho.

Quarto
A hora do declive
A certeza compulsória do abismo
O canto sereno rumo à queda livre.

Se eu tivesse outro nome
não sentiria essa fome
e não seria esse nada
um sonho solto na estrada
teria outro destino
outra pedra outro caminho.

Se me chamasse Raimundo
plantaria pelo mundo
somente tardes azuis
o céu eu punha no chão
e as flores renasceriam
na palma da minha mão.

Ah se eu encontrasse uma rima
no fundo do coração
mesmo sem ser obra-prima
mesmo sem ser solução!

para Carlos Drummond de Andrade

Eis como estou:
aprendi a nadar
quando o mar secou.

Preciso contar o que aconteceu foi no corpo foi na alma foi tudo ao mesmo tempo não é nada disso vou começar de novo preciso contar o que aconteceu palavra por palavra ponto por ponto não tenho nada a esconder eu não sabia ninguém me avisou minto eu sabia é melhor nem lembrar quase perdi o chão não consigo falar não tenho certeza preciso contar o que aconteceu cheguei a chorar mas não sofri cheguei a sofrer mas não chorei quer dizer chorar chorei sofrer sofri é difícil encontrar as palavras está meio confuso imaginava tudo diferente quer dizer não dava para imaginar coisa nenhuma deixa eu explicar direito preciso contar o que aconteceu deu vontade de abrir um buraco no chão e sumir e voltar e cantar e rir e dançar e brincar e sentir medo e gritar sem entender nada sem saber se era mentira se era verdade se era mentira de verdade se era verdade de mentira se podia se não podia mas tudo bem presta atenção vou começar pelo começo está tudo aqui entalado na garganta foi no corpo foi na alma foi tudo ao mesmo tempo preciso contar o que aconteceu.

Meteorologista amador
presumo pressinto prevejo
seu calor.

Quem sonhou sabe
que uma luz pode vir
de um lugar tão comum
como a palma da mão

Quem viveu pode
entender a razão

Quem sonhou sabe
do calor delicado
guardado
no fundo de uma canção

Quem viveu pode
dar o seu coração

Quem sonhou sabe
descobrir uma estrela
brilhando escondida
nos olhos de alguém

Penso em sexo aqui e ali
principalmente onde andas.

Trago na palma da mão
a linha inevitável do vespeiro.

Viajo vida afora, eu sei,
entre o chão o céu
e o despenhadeiro.

Conheço você
desde o tempo das cavernas
Isso antes de antes de antes
de antes de antes

Conheço você de antemão
Muito antes do quarto escuro
Desde mil vezes antes
de qualquer porto seguro

A vida é roda-gigante
Sei de você nos mínimos meandros
Embora todos os dias sejamos apresentados
de novo neste exato instante

Conheço você pela palma da mão
Eis por que estou aqui
Eis aqui meu coração.

Amantes voadores
sobrevoarão a cidade.

Entrelaçada no mistério azulado
a escultura humana florescerá
espantosa.

Línguas lambendo nuvens
Dedos inventando garoas
Almas boiando a galope
no vão livre dos ventos.

Preso ao chão o resto imóvel
acompanhará as evoluções
e aguardará e rezará e torcerá
pela queda.

Pega minha mão
(e segue a tua vida)

Não me diga adeus
(adeus eu vou embora)

Fica do meu lado
(sai da minha frente)

Volta para mim
(e vê se me esquece)

Para de falar
(me diz alguma coisa)

Não me diga adeus
(eu sei eu sou assim)

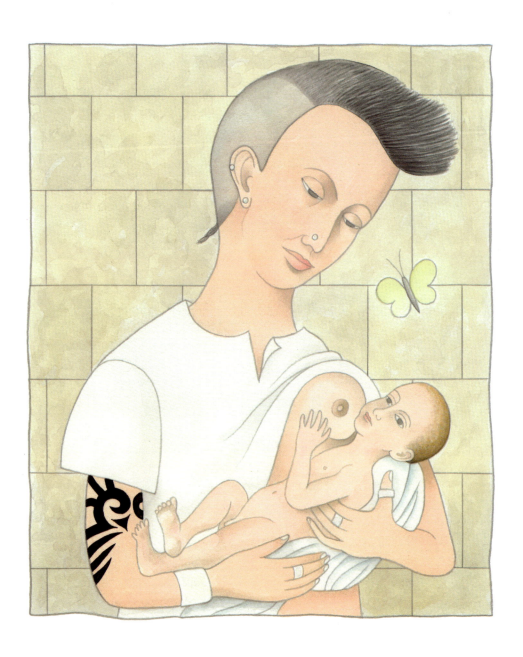

Vagas presenças
a partir do vão

Secas torrenciais
premeditando a chuva

Frestas esmiuçando olhos

Vozes soprando o silêncio
das palavras

Dedos à procura de dedos

Nós — eu e você —
desatando nós.

Meu bem
Vem aqui pra junto do meu lado
Vem fazer seu ninho no meu corpo
Pode me trazer uma tristeza
Pode vir me dar uma alegria
Faz o que você tiver vontade
Fica toda séria, fica louca (muito)
De você eu sei que não sei nada.

Meu bem
Vem dizer as coisas do seu mundo
Fala das estrelas do seu signo
Vem guardar em mim os seus segredos
Viajar comigo nos seus sonhos
Diz o que foi bom e o que deu medo na vida
Pode inventar qualquer verdade
De você eu sei que não sei nada.

Meu bem
Deixa eu desejar os seus desejos
Deixa eu pôr seus olhos no meu rosto
Pôr a minha mão no seu caminho
Pôr seu corpo dentro dos meus braços
Mata sua sede em minha boca
Faz seu coração bater no meu peito
De você eu sei que eu quero tudo.

Feito faca que fere fustiga
o ponteiro do relógio vai que vai
indiferente aos amantes que em vão
tentam conservar o fogo sagrado
que se esvai.

Quando meu corpo encontra o teu
— malhas que a aranha tece —
Tudo acontece.

Confusas delicadas ideias tentam
crescer debaixo da chuva de palavras
que inunda a paisagem

Sob o jorro de crenças
teorias propagandas e análises inócuas
elas trombam toscas em trilhos
prisioneiros de mapas

Enquanto isso
dentro de mim
o pássaro azul constrói
seu ninho.

Primeiro riram da nossa cara
e desprezaram nosso jeito de ser

Depois tentaram comprá-lo

Recuaram diante do nosso vômito
Mas voltaram falando grosso
Para furtar a semente dentro de nós

Hoje vieram armados
Trouxeram cães
Cercaram a casa
Derrubaram portas

Que saíssemos de mãos para cima
Que deitássemos no chão
Que abríssemos as pernas

Foi quando veio o cara da motosserra.

para Eduardo Alves da Costa

Adultos travestidos de garotões
passeando coloridos no seu mundo faz de conta
reivindicam individualidades e liberdades
(para depois fazer caras e poses diante do espelho).

Crianças sem chão
feridas de medo no coração
dançam insones seu sonho mecânico no êxtase da balada
(para depois levantar casas com tijolos de água).

Enquanto isso lá se vai a embarcação.

Correndo pelas bordas
cães movidos a mouse
urinam no tronco da manhã.

Minha mãe perdida no labirinto do próprio espelho
só fala de si fingindo falar de mim.

Meu pai sumido nas ondas de outra barra
diante da minha fome só comparece em forma de cheque.

Nessas alturas sobramos eu e eu mesmo.

Eu com olhos de sim
tudo bem a vida é assim.

Eu com esse não indo e vindo
entre as tripas, a garganta e o coração.

Utopias programadas por pesquisas de opinião
Revoluções numeradas com códigos de barra
Injustiças retocadas no photoshop
Intimidades ejaculadas via skype
Inventores da roda conquistando seguidores.

Mergulhado em tal paisagem
sigo inútil
tijolo sem cimento nem parede
onde me encaixar.

Não é surto
cada vez mais
o tempo é curto.

Busco na merda das latrinas
no pus da ferida suja e degradada
na sanha incurável do vírus
na gosma podre da moléstia
no corpo entumecido dos cadáveres
palavras que descrevam aqueles que
eleitos pelo povo
corrompem mentem roubam e juram
representar o que há de novo

Hoje acordei melhor
não preciso chorar
lá fora está chovendo.

Como me sinto por fora
Procuro dentro um caminho

Como não vejo saída
Abro a porta para a vida

Como não tem outro jeito
Levo a esperança no peito

Como não sei pra onde ir
Deixo meu barco seguir

Como não sei a verdade
Dela não tenho saudade

E quando sinto tristeza
Invento alguma certeza

E quando perco o sentido
(isso não é proibido)

Não toco fogo na praça
Pois sei que logo isso passa.

Apagaram as saudades que eu tinha da aurora da minha vida
Derrubaram as palmeiras e caçaram meus sabiás
Destruíram o meio e o caminho com pedra e tudo
Mataram e comeram os galos que teceriam minhas manhãs
e, não contentes, espalharam endereços falsos de Pasárgada.

Trancado em casa fiquei
Sem sonhos para afogar no mar
Sem cavalo preto que fuja a galope
Sem janelas abertas para dar o fora.

Sendo assim escreverei sobre saudades e auroras que não vivi
desenharei com tinta nanquim lápis e aquarela
palmeiras, sabiás, caminhos, galos e pedras
e inventarei uma nova terra
onde a existência seja uma aventura maior
mais sólida e transparente.

Bem-aventurado seja o crente
imagina o que quer
depois dá um nome: transcendente.

Mesmo se a barra pesar
Mesmo se a casa cair
Mesmo se o bicho pegar
Eu vou

Mesmo se a ponte ruir
Mesmo se o sonho acabar
Mesmo se o vento levar
Eu vou

Mesmo que tudo o que eu sou vire nada
E minha estrada acabar no meio do chão
Mesmo que toda beleza da vida
Ai de mim
Chegue ao fim
Eu vou

Mesmo se a chama apagar
Mesmo se a ficha cair
Mesmo se a noite chegar
Eu vou

Mesmo se eu perder a fé
Mesmo se Deus não me ouvir
Mesmo se não der mais pé
Eu vou

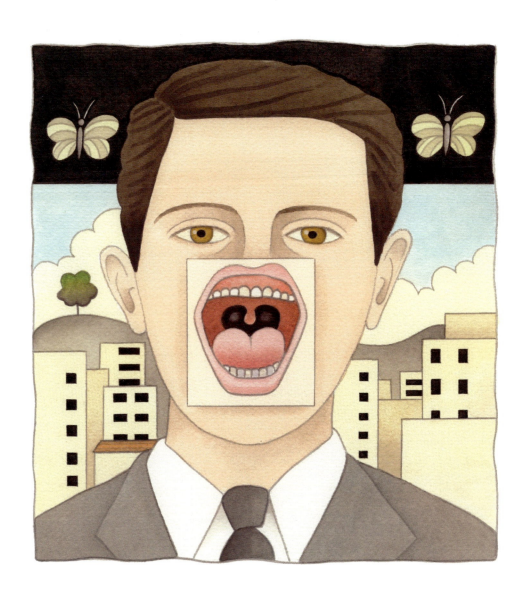

Procura-se sobras de aparas
de bagaços de raspas de dejetos
de cacos de despojos
de refugos de detritos de destroços
de escombros de frangalhos de fiapos
de migalhas de farrapos de retalhos de resquícios
de ruínas de ossadas de esperança.

Aceitamos doações.

Porque morreremos construímos
endereços
amores
dívidas
dúvidas
erros
trabalhos
tropeços
acertos
amizades
filhos
esperanças
futuros
medos
experiências
sonhos
nosso jardim.

Entre na minha casa por favor
não repare na nossa simplicidade
fique à vontade um minuto
que eu vou lá dentro chamar
minha mulher e meus filhos
para te cumprimentar.

Foi tão difícil viver na sua ausência
foi tão difícil levar a nossa vida
e quando a noite chegava
nossa esperança valia
para inventar a esperança do outro dia.

Entre na minha casa por favor
não repare na nossa felicidade.
Confesso que cheguei a duvidar que você vinha
mas você veio.

Quando a Indesejada das gentes chegar
digam que no momento não podemos atender
expliquem que saí e não tenho hora para voltar
entregue a ela quem puder este recado:

"Oi, iniludível!
preciso de mais tempo antes de a noite descer
não me fale em sortilégios
ando ocupado demais
vivo construindo sonhos
ainda não tive tempo de lavrar o campo
pretendo muita coisa
conhecer o mundo
construir outra casa
matar essa fome
nada dentro de mim nunca
jamais esteve em seu devido lugar".

Para Manuel Bandeira

Repensar a máquina.
Desligar, desmontar, desfazer
engrenagem por engrenagem
parafuso por parafuso.

Separar as partes que funcionam.

Localizar as que não cumprem seu papel.
(mas poderiam cumprir).

Inventar peças inexistentes e necessárias.

Extirpar as partes mortas
a podridão inútil
a necrose que envenena e ameaça.

Religar, remontar, refazer a máquina.
Engrenagem por engrenagem
parafuso por parafuso.
Repensar a máquina.

Começar e fazer e criar
e experimentar e recomeçar e refazer
e recriar e experimentar e repensar e rever
e recomeçar e refazer
e recriar e experimentar e recomeçar
e refazer
e recriar e experimentar e repensar e rever
e recomeçar e refazer
e recriar e experimentar e recomeçar
e refazer
e recriar e experimentar e repensar e rever
e recomeçar e refazer
e recriar e experimentar e recomeçar
e refazer
e recriar e experimentar e repensar e rever
e recomeçar e refazer
e recriar e experimentar e recomeçar

Procuram a última palavra
em matéria de montanha

Querem porque querem
navegar por mares de última geração

Andam em busca de ventos nunca vistos
Pesquisam novos modelos de céu e terra

"Basta de florestas antiquadas e conservadoras"
dizem sacudindo suas dentaduras anatômicas
enquanto o abismo natural se aproxima
com sua boca escura imensa.

Dividiram o imensurável em departamentos
daqui até ali
de lá até não sei onde

O resto onipresente
o vital infinito
simplesmente consideraram
inexistente.

Não ando a esmo
Saio de mim
em busca de mim mesmo.

A liberdade do gesto, da imagem, da palavra

A ideia de um espaço livre e pessoal capaz de guardar comentários, observações, imaginações, especulações, sonhos, sensações e sentimentos pegos no ar ou sugeridos pelos acontecimentos e vivências do dia a dia, traduz bastante bem, creio, a proposta geral do livro *Caderno Veloz de Anotações, Poemas e Desenhos*.

Nele, tanto os poemas como os desenhos foram feitos e refeitos ao longo de alguns anos. Os textos, após a publicação, em 2007, do livro *Feito Bala Perdida e Outros Poemas*, e as imagens, principalmente a partir de meados de 2013 – embora suas raízes sejam muito anteriores – tendo como denominador comum o fato de serem reflexo da experiência de estar na vida, por vezes um tanto espantado, respirando, olhando e sentindo coisas.

Não sei se a vida faria sentido se ela não fosse, de alguma forma, espantosa.

É preciso dizer que os desenhos não são ilustrações no sentido convencional da palavra, pois nenhum deles foi feito em função de um texto específico. Tanto os poemas como as imagens do livro são, na minha cabeça, igualmente "textos", ocupam o mesmo espaço dentro do trabalho, são autônomos, nasceram por conta própria, têm sua razão de ser e representam algo para ser lido e examinado. Tomara que isso tenha ocorrido.

Ricardo Azevedo